Anselm | Christoph | Hüseyin | Osman

Wie die Bremer Stadtmusikanten nach Izmir kamen

Bremen Mızıkacıları İzmir'e nasıl vardılar

Diese Geschichte
haben wir für die Menschen
in unserer Partnerstadt Izmir geschrieben,
besonders für die Kinder

Denn den Kindern gehört die Zukunft.

Die Kinder aus Izmir werden zusammen
mit den Kindern aus Bremen
die Partnerschaft zwischen
unseren beiden schönen alten Städten
noch lebendiger werden lassen,
als sie heute schon ist.
Und darüber freuen wir uns sehr.

Bu hikayeyi,
kardeş şehrimiz olan İzmir'deki
insanlar için ama özellikle
de çocuklar için yazdık.

Çünkü gelecek çocuklarındır.

İzmir'li çocukların,
Bremen'li çocuklarla birlikte
bu güzel ve tarihi şehirlerimizin
arasındaki zaten canlı olan
kardeşlik bağlarını daha da
canlandıracağına inanıyoruz.
Bu durum bizi çok sevindiriyor.

Kellner Verlag
Bremen Boston

Wie die Bremer Stadtmusikanten Mehmet und Leyla trafen

Es waren einmal ein Esel, ein Hund, eine Katze und ein Hahn. Sie lebten in Bremen und waren dort die Stadtmusikanten. Die vier Stadtmusikanten waren schon sehr alt und deswegen nahm es ihnen auch niemand übel, dass sie kaum noch Musik machten. Meistens standen sie nur stumm wie ein Denkmal vor dem Bremer Rathaus und ließen sich fotografieren. Doch es gab Ausnahmen. Denn die Musik der vier Alten war so märchenhaft, dass jeder Räuber davor Reißaus nahm. Und wenn die Polizei mit den Räubern nicht alleine fertig wurde, kam der Oberpolizist zu den Musikanten und bat sie um Hilfe. Der Esel sang dann „ia" und der Hund „wau", die Katze „miau" und der Hahn „kikeriki" und alle Räuber, die gerade in der Gegend zu tun hatten, brachten das Geld jetzt sofort wieder zurück in die Bank oder sie stellten das Auto sofort wieder dorthin zurück, wo sie es gerade weggenommen hatten.

Bremen Mızıkacıları' nın Mehmet ve Leyla' ile Karşılaşmaları

Bir varmış bir yokmuş, bir zamanlar bir eşek, bir köpek, bir kedi ve bir horoz vardı. Bunlar Bremen'de Şehir Mızıkacıları olarak yaşıyorlardı. Bu dört Şehir Mızıkacıları da çok yaşlıydılar. Bundan dolayı müzik yapmıyorlar diye onlara kimse kızmıyordu. Çoğu zaman Bremen Belediye Binası önünde sessizce heykel gibi duruyor, fotoğraf çekenlere poz veriyorlardı. Fakat bazen de bu dört yaşlının müziği öyle şahaneydi ki, bunu duyan bütün haydutlar hemen kaçıyordu. Polis, bu haydutlarla tek başına baş edemeyince, şefleri Mızıkacılardan gelip yardım istiyordu. O zaman da eşek „ia", köpek „wau", kedi „miau" ve horoz da „ kikeriki" diye şarkı söylüyorlardı. Ve bunu duyan bütün haydutlar çaldıkları parayı hemen bankaya geri götürüyor ya da çaldıkları arabayı eski yerine götürüp bırakıyorlardı.

Eines Tages nun bekamen die Stadtmusikanten Besuch von zwei Kindern aus Izmir, von Mehmet und Leyla. „Könntet ihr bitte vielleicht so freundlich sein und mal ein paar Räuber bei der Arbeit stören?", fragte Leyla höflich. Der Esel, der Hund, die Katze und der Hahn wollten die beiden Kinder nicht enttäuschen und legten gleich los. Der Esel sang „ia", der Hund sang „wau", die Katze „miau" und der Hahn „kikeriki" und bis auf ein paar Tagediebe machten denn auch alle Räuber sofort Feierabend.

„Ihr könnt prima singen", sagte Mehmet, „in eurem Lied stimmt jeder Ton, aber euer Text ist falsch. Ihr findet irgendwie nicht die richtigen Worte." Obwohl der Esel sehr große Ohren hatte, glaubte er, nicht richtig zu hören. „Wie bitte? Wir finden nicht die richtigen Worte?", fragte er. „Ja", sagte Leyla, „tut mir leid. Vielleicht habt ihr euren Text vergessen. Ihr seid ja schon sehr alt." „Geht das schon wieder los?", krähte der Hahn. „Immer sagen die Leute, wir sind zu alt für unsere Arbeit." „Genau, genau", bellte der Hund, „das kennen wir schon. Damals, als die Geschichte losging, war ich zu alt für die Jagd, Langohr war zu alt, um dem Müller die Säcke zu schleppen, der Bartputzer war zu alt zum Mäusefangen und der Kräher zu alt zum Krähen. Keiner wollte uns haben." „Das ist doch alles längst vorbei, jetzt will euch jeder haben",

Günün birinde Şehir Mızıkacıları'nın İzmir'den iki küçük konukları gelmişti. Gelenlerin ismi Mehmet ve Leyla'idi. Leyla, „bir kaç haydut işlerini bozmada lütfen bize yardımcı olurmusunuz?" diye kibarca sordu. Eşek, köpek, kedi ve horoz çocukları kırmak istemeyip hemen başladılar. Eşek „ia", köpek „wau", kedi „miau" ve horoz da „kikeriki" diye şarkı söyleyince birkaç hırsız dışında bütün haydutlar hemen ortadan kayboldular.

„Çok güzel şarkı söylüyorsunuz! Şarkınızın melodisi doğru da sözleri çok yanlış. Doğru kelimeleri bulamıyorsunuz nedense," dedi Mehmet. Eşek, kocaman kulakları olduğu halde yanlış duyuyor sandı. „Efendim? Doğru kelimeleri bulamıyormuyuz?!" diye sordu eşek. „Evet" dedi Leyla. „Ne yazık ki öyle. Çok yaşlısınız, belki de o yüzden sözleri unutmuşsunuz." „Yine mi?" diye öttü horoz. „İşimizi yapmak için herkes çok yaşlısınız diyor." „Tamam, tamam," diye havladı köpek. „Biliyoruz artık bunu. Bu hikaye başladığında av için ben çok yaşlıydım. Uzunkulak değirmencinin çuvallarını taşımak için çok yaşlıydı. Bıyıktemizleyen fare yakalamak için çok yaşlıydı ve Ötücü de ötmek için çok yaşlıydı. Bizi kimse istemiyordu." „Onlar geçmişte kaldı, şimdi herkes sizi istiyor," dedi Leyla. „Dünyadaki bütün insanlar sizi seviyor. Fakat şarkınızın sözleri yine de yanlış. Çünkü bir

sagte Leyla. „Die Menschen auf der ganzen Welt lieben euch. Aber euer Text ist trotzdem falsch. Denn ein Esel sagt nicht ‚ia', sondern ‚aii' und ein Hund nicht ‚wau', sondern ‚hav', eine Katze sagt nicht ‚miau', sondern ‚miyav' und ein Hahn nicht ‚kikeriki', sondern ‚üürüüü'". Mehmet nickte. „Die richtigen Worte sind ‚aii', ‚hav', ‚miyav' und ‚üürüüü'", sagte er. Die alten Stadtmusikanten ließen in Gedanken ihr langes Leben an sich vorüberziehen, aber sie konnten sich an diese Worte überhaupt nicht erinnern. Sie kamen sich unendlich alt vor und das tat sehr weh. Der Esel, der Hund und der Hahn weinten bitterlich. Nur die Katze hielt tapfer ihre Tränen zurück.

Nach einer Weile sprang sie dem Esel auf den Rücken und von dort mit einem kleinen Hüpfer bei Leyla auf die Schulter. „Du", flüsterte sie Leyla ins Ohr, „wir beide sind doch Mädchen. Du würdest doch ein Mädchen nie belügen, oder?" „Nein, nie", flüsterte Leyla zurück. „Woher weißt du überhaupt", fuhr die Katze fort, „dass die richtigen Worte ‚aii', ‚hav', ‚miyav' und ‚üürüüü' sind?" „Das weiß bei uns in der Türkei jedes Kind, sogar die Jungens wissen das", antwortete Leyla leise. „Und deswegen kennt bei uns in Izmir natürlich auch jeder Esel seinen Text, genauso wie jeder Hund, jede Katze und jeder Hahn."

eşek „ia" demez „ai" der ve bir köpek „wau" değil „hav" der. Bir kedi „miau" demez „miyav" der ve bir horoz da „kikeriki" değil, „üürüüü" der." Mehmet başıyla onayladı. „Doğrusu: „ ‚aii', ‚hav', ‚miyav' ve ‚üürüüü' dür bu sözlerin." Bu dört yaşlı mızıkacı bütün geçmiş yaşamlarını düşündüler fakat bu kelimeleri bir türlü hatırlayamadılar. Kendilerini çok fazla yaşlı sandılar ve buna çok üzüldüler. Eşek, köpek ve horoz çok fena ağladılar. Sadece kedi gözyaşlarını tutmayı becerebildi.

Bir müddet sonra kedi eşeğin sırtına, oradan da hafif bir sıçramayla Leyla' nın omuzuna atladı. „Leyla"!, „bak biz ikimiz de kızız. Sen kızlara yalan söylemezsin değil mi?" diye onun kulağına fısıldadı. „Hayır, asla", diye fısıldadı Leyla. „Sen nereden biliyorsun ki?" diye sordu kedi tekrar. „Doğru kelimelerin ‚aii', ‚hav', ‚miyav' ve ‚üürüüü' olduğunu!" Türkiye'de bunu bütün çocuklar bilir, hatta erkek çocuklar bile", diye cevapladı Leyla sessizce. „O yüzden İzmir'de her eşek kendi güftesini bildiği gibi, her köpek, her kedi ve her horoz da kendi şarkı sözünü bilir."

Der Esel, der ja sehr große Ohren hatte, hatte alles mitangehört und war recht nachdenklich geworden. Seit das Bremer Rathaus von Eseln nicht mehr betreten werden durfte, hatte er keinen Kontakt mehr zu Eseln gehabt. Dabei hätte er sich so gerne mal wieder mit einem anderen Esel unterhalten, am liebsten natürlich mit einem dieser türkischen Esel, die immer die richtigen Worte fanden. Darum fasste er einen Entschluss und hielt eine Rede. „Liebe Musikanten", sprach er, „lasst uns nach Izmir gehen und dort die richtigen Worte lernen."

Uzun kulaklı eşek herşeyi duymuş ve bu yüzden düşünceye dalmıştı. Bremen Belediye Binası'na eşeklerin girmesi yasaklandığından beri hiçbir eşekle konuşmamıştı. Aslında bir eşekle konuşmayı öyle çok isterdi ki, en çok da tabii ki her zaman doğru sözleri bilen, bir türk eşeğiyle. Onun için karar verip konuşmaya başladı. „Sevgili Müzisyenler!" dedi, „gelin İzmir'e gidelim ve orada doğru sözleri öğrenelim."

Wie die Bremer Stadtmusikanten aus Bremen fortgezogen sind

Leyla und Mehmet begleiteten die vier Alten zum Hafen. Sie fanden dort aber kein Schiff, das die Musikanten mit nach Izmir nehmen wollte. Nur den Hahn hätte der Koch von dem einen Schiff gerne mitgenommen, aber Mehmet riet dem Hahn davon ab.

    Inzwischen war die Sonne fast untergegangen und darum hätten sie das kleine Segelboot fast nicht gesehen, das ganz hinten im Hafen hin und her schaukelte. Es war schon sehr alt und kein Mensch konnte damit noch irgendwas anfangen. „Für uns ist es gut genug", sagte der Hund. „Das Boot nehmen wir." „Ihr könnt doch nicht alleine nach Izmir segeln", meinte Leyla. „Und ob wir das können", rief der Esel. „Ich bin zwar schon alt, aber ich bin noch stark genug, um die Segel zu hissen und das Ruder zu halten." „Ich bin zwar auch schon alt", lachte der Hund, „aber ich finde immer noch jede Fährte und natürlich auch eine Fährte nach Izmir." „Auch ich bin nicht mehr die Jüngste", schnurrte die Katze, „aber ich habe bessere Augen als der beste Kapitän, weil ich ja selbst in der Nacht noch alles sehen kann." Dem alten Hahn, der immer an den Koch denken musste, fiel so schnell nichts ein. Da tröstete ihn der Esel. „Du bist der wichtigste. Du sitzt ganz oben auf dem Mast und wenn Land in Sicht ist, rufst du ‚Land in Sicht'."

Bremen Mızıkacıları'nın Bremen'den Ayrılışları

Leyla ile Mehmet bu dört yaşlıyla limana gittiler. Fakat Mızıkacıları İzmir'e götürecek bir gemiyi bulamadılar. Bir geminin aşçısı, sadece horozu almak istedi. Mehmet ise, horoza „pek tavsiye etmem" diyerek onu bu fikrinden caydırdı.

    Bu sırada güneş batmış olduğundan arkalarda sallanıp duran küçük yelkenliyi az daha görmüyorlardı. Oldukça eskiydi ve bir işe yaramıyor gibi gözüküyordu. „Bu bize yeter", dedi köpek, „bu tekneyi alalım!." „Siz İzmir'e yalnız gidemezsiniz ki!", dedi Leyla. „Hem de nasıl gideriz"!, dedi eşek. „Ben yaşlıyım ama, yelkeni açamayacak, kürekleri çekemeyecek kadar da kuvvetsiz değilim." „Ben de bayağı yaşlıyım ama", diye güldü köpek. „Yine de bütün yolları bulurum. İzmir'e giden yolu da bulurum elbette." „Ben de pek genç değilim", diye mırıldandı kedi. „Fakat gözlerim en iyi kaptanın gözlerinden daha iyidir, çünkü geceleri de her şeyi görebiliyorum." Yaşlı horoz hala daha aşçıyı düşündüğü için aklına birşey gelmedi. Eşek onu teselli etmek için; „En önemlimiz sensin. Sen direğin en üstünde oturacaksın ve kara parçası göründüğünde „kara göründü diye bağıracaksın."

Mehmet hatte sich zwei Bretter besorgt und auf das eine in großen Buchstaben ‚BREMEN' und auf das andere ‚IZMIR' geschrieben. „Damit ihr wisst, wo ihr herkommt und wo ihr hin müsst", erklärte Mehmet. Dann baute er aus den beiden Brettern eine kleine Brücke von der Hafenmauer hinüber zum Schiff. „Ihr könnt einsteigen", sagte Mehmet. Es war gut, dass der Esel als letzter an Bord ging. Denn unter seinem Gewicht krachte die kleine Brücke zusammen. Er war zwar noch mit einem kühnen Satz trocken auf das Schiff gekommen, aber von den Brettern hatte er nur zwei Bruchstücke retten können. Auf dem einen stand ‚BRE' und auf dem anderen ‚MIR'. Mehmet war der Erste, der die Gefahr erkannte. „Mit den halben Brettern wisst ihr jetzt ja gar nicht mehr, wo ihr herkommt und wo ihr hin müsst", rief er zum Schiff hinüber. Die Stadtmusikanten hörten ihm aber überhaupt nicht zu, redeten alle durcheinander, waren bester Laune, lichteten den Anker und segelten los.

Mehmet iki tane tahta buldu, birinin üzerine büyük harflerle ‚BREMEN', ötekinin üzerine de ‚İZMİR' yazdı Böylelikle, „nereden geldiğinizi ve nereye gittiğinizi bilirsiniz", diye açıkladı Mehmet. Sonra o iki tahtayla limandan tekneye bir köprü kurdu. „Binebilirsiniz", dedi Mehmet. Eşeğin en son bindiği iyi oldu. Çünkü onun ağırlığına dayanamayan köprü birden çöktü. Eşek cesur bir atlayışla ıslanmadan tekneye girdi ama, kırılan tahtalardan sadece iki küçük parça kurtuldu. Birinin üzerinde ‚BRE', ötekinde ‚MİR' yazıyordu. Tehlikeyi ilk fark eden Mehmet oldu. „Bu yarım tahtalardan artık siz, ne nereden geldiğinizi ne de nereye gittiğinizi bilebilirsiniz", diye seslendi teknenin arkasından. Bremen Mızıkacıları onu duymadılar bile. Neşeleri yerindeydi ve her kafadan bir ses çıkıyordu. Çapayı çekip yollarına koyuldular.

„Ihr müsst immer in die Richtung segeln, wo die Sonne aufgeht", rief Mehmet ihnen hinterher. „Und ihr seid erst dann am Ziel", rief Leyla, „wenn die richtigen Worte gesprochen werden, ‚aii', ‚hav', ‚miyav' und ‚üürüüü' " „Wir kommen wieder, wenn wir die richtigen Worte gelernt haben", schallte es vom Boot zurück. „Was haben wir für ein Glück, dass Mehmet und Leyla unsere Freunde sind", sagte der Esel. „Wir sollten ihnen zum Abschied noch ein Ständchen bringen." Und dann sangen die Stadtmusikanten, so laut sie konnten, „ia" und „wau" und „miau" und „kikeriki" und es war die einzige Nacht, in der im Bremer Hafen nichts geklaut wurde.

„Sürekli güneşin doğduğu yöne doğru gitmelisiniz!", diye bağırdı Mehmet arkalarından. „Gittiğiniz yere vardığınızı ancak doğru olan ‚aii', ‚hav', ‚miyav' ve ‚üürüüüü' sözlerini duyduğunuzda anlamış olacaksınız," diye seslendi Leyla. „Doğru sözleri öğrendiğimizde tekrar geri geleceğiz", diye bağırdı teknedekiler. „Mehmet ile Leyla arkadaşımız olduğu için çok şanslıyız", dedi eşek. „Onlara bir ayrılık şarkısı söyleyelim. Bunun üzerine Bremen Mızıkacıları avazları çıktığı kadar şarkı söylemeye başladılar: „ia", „wau", „miau" ve „kikeriki." Bremen limanında o gece, hırsızlığın olmadığı tek geceydi.

Wie die Bremer Stadtmusikanten zur See fuhren

Die Stadtmusikanten hatten aus ihren zwei halben Brettern ein ganzes gemacht und auf dem stand ‚BREMIR'. Das Brett hatten sie vorne am Bug des Schiffes festgebunden. Denn alle fanden: „BREMIR ist ein guter Name für ein Schiff, das von Bremen nach Izmir segelt." Die BREMIR war zwar sicherlich das kleinste Schiff, das jemals auf die wilden Meere hinausgesegelt war, aber dafür hatte es die mutigste Besatzung. Daher kamen denn auch alle großen Schiffe mal eben zu der kleinen BREMIR herangefahren und die Kapitäne legten hochachtungsvoll ihre Hand an die Mütze und wünschten „gute Fahrt". Der Esel, der Hund, die Katze und der Hahn bedankten sich dafür immer artig mit etwas Musik. Einmal fuhr dann allerdings ein Schiff plötzlich rückwärts. Das war ein Piratenschiff.

Bremen Mızıkacıları'nın Denize Açılışları

Bremen Mızıkacıları kırılmış iki tahtayı birleştirip tek tahta yaptılar. Şimdi üzerinde, ‚BREMİR' yazıyordu. Bu tahtayı teknenin önüne bağladılar. „Bremen'den İzmir'e giden bir tekne için ‚BREMİR' çok güzel bir isim", dediler hep bir ağızdan. BREMİR, bu dalgalı denize açılmış olan en ufak, fakat tayfası da en cesaretli olan gemiydi. Bu yüzden bütün büyük gemiler BREMİR'e yanaşıyor, kaptanları ellerini saygıyla şapkalarına götürüp „iyi yolculuklar" diliyorlardı. Eşek, köpek, kedi ve horoz da her seferinde buna karşılık müzikle teşekkür ediyorlardı. Fakat bir defasında geminin biri geri geri gitmeye başladı. O bir korsan gemisiydi

Nach vielen Wochen auf stürmischer See meldete sich oben am Mast der Hahn. „Land in Sicht", krähte er, „Land in Sicht". Der Hahn flatterte auch gleich voller Hoffnung ans Ufer, traf dort einen anderen Hahn und sagte zu ihm: „Sag mal was." „Cocorico", sagte der andere Hahn. „Falsch", dachte unser Hahn. Und das dachte er erst recht, als er erfuhr, was hier sonst noch so geredet wurde. Die Esel sagten hier „hian", die Hunde „ouaf" und die Katzen „miaou". Mit dieser Nachricht kam der Hahn auf das Schiff zurück. Alle Stadtmusikanten wussten jetzt: „Hier sind wir nicht richtig". Aber keiner von ihnen wusste: „Hier sind wir in Frankreich."

Der alte Esel war genauso müde und enttäuscht wie die drei anderen Musikanten. „Doch es nützt nichts", sagte er, „wir müssen weiter, immer weiter, bis wir die richtigen Worte gefunden haben. Wir müssen nach Izmir." Die BREMIR stach in See, der aufgehenden Sonne entgegen.

Dalgalı denizde haftalarca gittikten sonra direğin tepesindeki horoz: „Kara göründü! kara göründü!" diye öttü. Horoz büyük bir ümitle kanat çırparak sahile çıktı. Orada rastladığı ilk horoza „birşeyler söyle", dedi hemen. „Cocorico", dedi öteki horoz. Yanlış diye düşündü bizim horoz. Orada nasıl konuşulduğunu duyunca yanlış yere geldiklerini daha iyi anladı. Eşekler „hian", köpekler „ouaf", kediler „miaou" diyordu. Horoz tekneye bu haberle geri döndü. Bremen Mızıkacıları'nın hepsi biliyordu artık: „Burası bizim yerimiz değil!." Fakat hiçbiri de Fransa'da olduklarını anlayamadı.

Yaşlı eşek de en az ötekiler kadar yorgundu ve hayal kırıklığına uğramıştı. Ama, „başka seçeneğimiz yok" dedi, „Doğru sözleri bulana kadar sürekli gideceğiz. İzmir'e gitmeye mecburuz!" Güneş doğarken BREMİR denize açıldı.

Nach langen Wochen krähte der Hahn zum zweiten Mal „Land in Sicht". Der Hund schwamm ans Ufer, traf dort einen anderen Hund und sagte zu ihm: „Sag mal was." „Bau", sagte der andere Hund. „Falsch", dachte unser Hund. Und das dachte er erst recht, als er erfuhr, was hier sonst noch so geredet wurde. Die Esel sagten hier „iaa", die Katzen „miaau" und die Hähne „chichirichi". Als der Hund mit dieser Nachricht auf dem Schiff zurück war, wussten alle Stadtmusikanten: „Hier sind wir auch nicht richtig". Aber keiner von ihnen wusste: „Wir sind schon in Italien."

Die Stimmung an Bord war gedrückt. „Sollen wir lieber umkehren?", fragte der Hund. „Du spinnst wohl", sagte der Esel, „das kommt überhaupt nicht infrage. Wir sind die Bremer Stadtmusikanten und die ganze Welt kennt uns. Soll etwa die ganze Welt über uns lachen, weil wir unseren Text nicht können?" „Ich finde es zwar schön, wenn die ganze Welt was zu lachen hat, aber ich bin trotzdem dafür, dass wir weitersegeln", sagte die Katze. „Denn sonst müssen wir dumm sterben." „Bloß das nicht", dachte der Hund und holte den Anker ein. Die BREMIR stach in See, mit Kurs auf die Morgensonne.

Haftalar sonra horoz ikinci kez öttü: „Kara göründü!." Köpek hemen sahile doğru yüzdü. Orada rastladığı ilk köpeğe, „bir şeyler söyle", dedi. „Bau", dedi öteki köpek. Yanlış diye düşündü bizim köpek. Orada nasıl konuşulduğunu duyunca yanlış yere geldiklerini daha iyi anladı. Eşekler „iaa", kediler „miaau", horozlar „chichirichi", diyordu. Köpek bu haberle tekneye geri döndü. Bremen Mızıkacıları'nın hepsi biliyordu artık: „Burası da bizim yerimiz değil!." Fakat hiçbiri de İtalya'da olduklarını anlamadı.

Kimsenin neşesi yoktu. „Geri dönelim mi?" diye sordu köpek. „Delirdin mi", dedi eşek. „Geri dönmek yok. Biz Bremen Mızıkacıları'yız ve bütün dünya tanıyor bizi. Şarkımızın sözlerini bilmiyoruz diye herkes gülsün mü bize?" „Bütün dünyanın gülecek bir şeyi olursa ben memnun olurum", dedi kedi. „Fakat ben yine de devam etmekten yanayım". Yoksa aptal olarak öleceğiz!.". BREMİR, sabah güneşine doğru denize açıldı.

Die Stimmung an Bord wurde erst nach vielen Wochen besser. Der Hahn oben am Mast hatte zum dritten Mal gekräht: „Land in Sicht." Die Katze sprang ans Ufer, traf dort eine andere Katze und sagte zu ihr: „Sag mal was." „Neau", sagte die andere Katze. „Falsch", dachte unsere Katze. Und das dachte sie erst recht, als sie erfuhr, was hier noch sonst so geredet wurde. Die Esel sagten hier „io", die Hunde „gaw" und die Hähne „kekeriki". Bald wussten es alle Stadtmusikanten: „Auch hier sind wir nicht richtig". Aber keiner von ihnen wusste: „Wir sind jetzt schon in Griechenland."

Die vier alten Stadtmusikanten waren mit ihren Kräften am Ende. Sie waren hungrig, müde und verzweifelt. Niemand sprach es aus, aber alle dachten das Gleiche. „Wir schaffen es nicht", dachten sie. „Wir werden Izmir niemals finden und niemals die richtigen Worte lernen." „Wenn wir denn schon dumm sterben müssen", sprach der Esel, „dann am besten sofort." Die drei anderen nickten. Der Esel steuerte die BREMIR noch auf die offene See und zerbrach dann das Ruder. Die BREMIR trieb führungslos durch die Nacht. Die vier Alten kauerten sich in der Mitte des Schiffes zusammen und schmiegten sich eng aneinander. Die Katze stand noch einmal kurz auf und küsste die alten Männer. Dann schliefen die Bremer Stadtmusikanten ein.

Teknedekilerin neşesi ancak haftalar sonra biraz düzeldi. Çünkü direkteki horoz üçüncü kez ötmüştü. "Kara göründü!" Kedi hemen sahile atladı ve orada gördüğü ilk kediye "bir şeyler söyle", dedi. "Neau", dedi öteki kedi. Yanlış diye düşündü bizim kedi. Orada nasıl konuşulduğunu duyunca yanlış yere geldiklerini daha iyi anladı. Eşekler "io", köpekler "gaw", horozlar "kekeriki" diyordu burada. Biraz sonra Bremen Mızıkacıları'nın hepsi artık biliyordu. "Burası da doğru yer değil!." Fakat hiç biri de Yunanistan'da olduklarını bilmiyordu.

Dört yaşlı Mızıkacının kuvvetleri tamamen tükenmişti. Aç, yorgun ve ümitsizdiler. Kimse söylemiyordu ama hepsi aynı şeyi düşünüyordu. "Başaramıyacağız", diyorlardı içlerinden. "İzmir'i hiçbir zaman bulamayacağız ve doğru kelimeleri hiçbir zaman öğrenemeyeceğiz." "Kelimeleri öğrenemeyip aptal olarak öleceksek, o zaman hemen şimdi ölelim.", dedi eşek. Öteki üçü başlarıyla onayladı. Eşek BREMİR'i açık denize doğru çevirip dümeni parçaladı. Gecenin karanlığında, BREMİR başıboş ilerlemeye başlamıştı. Dört yaşlı, teknenin ortasına çömelip iyice birbirlerine sokuldular. Kedi bir ara kalkıp hepsini teker teker öptü. Sonra Bremen Mızıkacıları uykuya daldılar.

Wie die Bremer Stadtmusikanten Hans und Helga trafen

In der Mitte der Nacht begann der neue Tag. Über der Küste ging die Sonne auf und schickte ihren ersten Strahl auf ein kleines Schiff, das der nächtliche Sturm auf den Strand geworfen hatte. In dem Schiff lagen, eng aneinander geschmiegt, ein alter Hahn, eine alte Katze, ein alter Hund und ein alter Esel. Die Vier regten sich nicht und ihre Augen waren geschlossen. Neben dem Schiff standen zwei Kinder aus Bremen, Hans und Helga. „Da seid ihr ja endlich", sagte Hans und rüttelte die Stadtmusikanten wach. Sie zitterten vor Kälte. Der Esel öffnete vorsichtig ein Auge und blinzelte hinaus in den Morgen. Er sah aber nichts anderes als den hellen Sonnenstrahl. „Sind wir im Himmel?", fragte er. „Die einen sagen ja, die anderen sagen nein, die meisten sagen: wir sind in der Türkei", sagte Hans und Helga fügte hinzu: „Ihr seid auf einem Kinderspielplatz in Izmir gelandet." Die vier Alten sprangen aus dem Schiff, knieten sich in den türkischen Sand und sangen dankbar „ia" und „wau" und „miau" und „kikeriki". „Wenigstens ihr kennt die richtigen Worte", freute sich Hans und Helga erklärte: „Die Esel sagen hier nämlich immer ‚aii', die Hunde ‚hav', die Katzen ‚miyav' und die Hähne ‚üürüüü'". Erst war es

Bremen Mızıkacıları'nın Hans Ve Helga' ile Karşılaşmaları

Gece yarısından sonra gün yeni ağarmaya başlamıştı. Güneş sahilin üzerinden yükselmiş ve ilk ışıklarını da o geceki fırtınanın kumsala fırlattığı küçük tekneye göndermişti. Teknede, birbirine sıkı sıkı sarılmış yaşlı bir horoz, yaşlı bir kedi, yaşlı bir köpek ve yaşlı bir eşek yatıyorlardı. Bu dördünün de gözleri kapalıydı ve hiç kıpırdamıyorlardı. Teknenin yanında Bremen'li iki çocuk duruyordu: Hans ile Helga. „Hele şükür nihayet geldiniz!", dedi Hans ve Mızıkacıları sarsarak uyandırdı. Bizimkiler soğuktan tir tir titriyorlardı. Eşek yavaşça bir gözünü açtı ve kırpıştırarak sabahı selamladı. Fakat çok parlak bir güneş ışığından başka birşey göremedi. „Gökyüzünde miyiz?" diye arkadaşlarına sordu. „Bazıları evet, bazıları hayır fakat çoğunluk diyordu ki: biz Türkiye'deyiz", dedi Hans. Helga devam etti: „İzmir'deki küçük bir çocuk bahçesine düştünüz." Bunun üzerine dördü birden hemen tekneden atladılar. Türkiye'nin kumuna diz çöküp mutlu bir şekilde şarkı söylemeye başladılar: „ia" ve „wau" ve „miau" ve „kikeriki" diye. „Hiç olmazsa siz doğru sözleri biliyorsunuz", diye sevindi Hans. Helga açıkladı: „Çünkü buradaki eşekler her zaman ‚aii'. köpekler ‚hav', kediler ‚miyav', horozlar da

ganz still, dann wurde es laut. Denn die vier Alten lachten. Sie vergaßen für eine Weile zu frieren und Hunger zu haben – und lachten. Sie erinnerten sich an den Hahn, den sie getroffen hatten und an den Hund und die Katze – und lachten. Die Morgendämmerung war ihnen in den Kopf gestiegen und sie lachten und dachten alle das Gleiche: „Noch hat niemand immer die richtigen Worte, in Bremen nicht, in Izmir nicht und nirgendwo sonst. Die richtigen Worte müssen erst noch gefunden werden. Aber wer danach sucht, kann ganz schön was erleben."

Inzwischen waren schon viele Kinder auf den Spielplatz gekommen. Nazim, Ali, Ahmet und Murat hatten sofort ihre Hemden ausgezogen und den frierenden Alten umgelegt. Wenn die Mädchen nicht so genau hinsahen, streichelten sie den Alten sanft über ihr Fell und, weil sie beim Hahn kein Fell fanden, streichelten sie ihm seine Federn. Ayshe, Nevin und Nilüfer fütterten die Alten dabei mit all den guten Sachen, die in ihren Taschen waren: Döner und Kaugummi und Sesamkringel und Börek. Renan brachte ihnen auch etwas Tee und vergaß nicht, drei Stück Zucker hineinzutun. Als die Alten die Wärme unter den Kinderhemden fühlten und so gut zu essen hatten und drei Stück Zucker im Tee und von lauter Freunden umgeben waren, da dachte der Esel: „Kann sein, dass es noch nicht der Himmel ist, aber es ist bestimmt etwas ganz Ähnliches."

‚üürüüü'."diyorlar. Önce bir sessizlik oldu sonra gürültü. Çünkü dört yaşlı gülmeye başlamıştı. Bir an için açlıklarını ve üşüdüklerini unuttular ve sadece güldüler. Şafağın güzelliği başlarını döndürmüştü güldüler de güldüler. Sonra da hepsi aynı şeyi düşündüler: „Şimdiye kadar ne Bremen'de ne İzmir'de ne de başka bir yerde hiç kimse doğru sözleri söyleyemedi. Daha doğru sözlerin bulunması gerekiyor. Fakat arayanın başına da herşey gelebilir."

Bu arada çocuk bahçesine bir çok çocuk gelmişti ve gittikçe de çoğalıyorlardı. Nazım, Ali, Ahmet ve Murat hemen gömleklerini çıkararak üşüyen yaşlıların sırtlarına örttüler. Kızların dikkatli bakmadığı bir anda yaşlıların tüylerini okşadılar. Ayşe, Nevin ve Nilüfer de çantalarındaki döner, simit, börek ve sakızla yaşlıları beslemeye başladılar. Renan da onlara çay getirdi ve içine de üç şeker atmayı unutmadı. Yaşlılar, çocukların gömlekleriyle bir güzel ısınmış ve karınları da doymuştu. Çevreleri dostla doluydu. Eşek üç şekerli çayı da içince düşünmeye başladı: „Herhalde cennette değiliz ama, ona benzer bir yerdeyiz."

Weil die Bremer Stadtmusikanten den Kindern nun auch mal eine Freude bereiten wollten, taten sie das, was sie am besten konnten: Sie machten Musik. Aber weil es heute eine ganz besondere Musik sein sollte, sangen sie so wie noch nie.
Der Esel sang
„ia" und „io" und „aii"
und der Hund
„wau" und „bau" und „hav"
und die Katze
„miau" und „neau" und „miyav"
und der Hahn
„kikeriki" und „cocorico" und „üürüüü".
„Hört sich toll an", fanden die Kinder und klatschten Beifall. „Das klingt ja schrecklich", fanden allerdings ein paar Seeräuber und brachten die BREMIR schnell dahin zurück, wo sie das Schiff gerade weggenommen hatten. Und weil sie nie wiedergekommen sind, steht die BREMIR da heute noch.

Bremen Mızıkacıları da altta kalmamak için çocukları sevindirmek istediler. Ellerinden gelen en iyi şeyi yapmaya karar verdiler: Müzik yapmaya başladılar. Bugün çok özel bir müzik olması gerektiği için, şimdiye kadar hiç söylemedikleri bir şekilde söylediler:
„ia" ve „io" ve „aii",
diye söyledi eşek.
„wau" ve „bau" ve „hav",
diye söyledi köpek.
„Miau" ve „neau" ve „miyav",
diye söyledi kedi.
„Kikeriki" ve „cocorico" ve „üürüüü",
diye söyledi horoz.
Çocuklar „çok güzel söylediniz" dediler ve alkışlamaya başladılar. Fakat birkaç deniz haydudu ise, „amma korkunç duyuluyor", dediler ve çocuk bahçesinden çalmış oldukları BREMİR'i hemen götürüp yerine bıraktılar. Ve bir daha da geri gelmedikleri için BREMİR hâlâ orada duruyor.

Nachwort

Liebe Kinder,

die Geschichte war schon ganz schön lang und darum will ich jetzt nicht auch noch erzählen, wie die Stadtmusikanten nach Bremen zurückgekommen sind und was aus Mehmet und Helga und Leyla und Hans geworden ist.

Nun gibt es aber sicher wieder ein paar Kinder, die glauben, die ganze Geschichte ist sowieso nicht wahr. Und, offen gestanden, ich kann diese Kinder gut verstehen. Das liegt wahrscheinlich an meinem Beruf. Denn da werden mir auch oft Geschichten erzählt, bei denen ich nicht gleich weiß, was denn nun wahr ist und was nicht.

Doch ein paar Sachen weiß ich ganz genau: Das Schiff, mit dem die Stadtmusikanten unterwegs waren, gibt es wirklich. Die BREMIR steht auch wirklich auf einem Kinderspielplatz in Izmir. Türkische und deutsche Jugendliche haben das Schiff in Bremen gebaut. Als ich sie darum gebeten hatte, haben die Jugendlichen dann auch noch etwas gebaut: ein Denkmal für die Stadtmusikanten. Das steht jetzt ebenfalls auf dem Spielplatz in Izmir, gleich neben der BREMIR. Und das Denkmal beweist ja irgendwie, dass die Bremer Stadtmusikanten wirklich nach Izmir gekommen sind.

Die Bremer Stadtmusikanten sind vielleicht das Beste, was wir in Bremen haben und darum lassen wir die natürlich auch nicht überall hin. Aber Izmir und Bremen sind befreundet und für Freunde ist das Beste gerade gut genug.

Tine Wischer

Sonsöz

Sevgili çocuklar,

hikaye çok uzun olduğu için, Mızıkacalar'ın Bremen'e nasıl döndüklerini, Mehmet, Helga, Leyla ve Hans'ın akibetlerinin ne olduğunu şimdi anlatmayacağım.

Belki bazı çocuklar bu hikayenin aslında gerçek olmadığını düşünüyorlar. Doğrusu ben bu çocukların halinden anlıyorum. Bu da belki mesleğim icabıdır. İnsanlar bana gelerek hikayelerini anlatırlar, ben de çoğu zaman doğruyu yanlıştan ayırd etmekte zorluk çekiyorum.

Ama bazı şeylerin gerçek olduğunu iyi biliyorum. Mızıkacılar'ın seyahat ettikleri gemi gerçekten vardır. BREMİR isimli gemi gerçekten Izmir'de bir çocuk parkında duruyor. Bu gemi gerçekten Bremen'de Türk ve Alman gençleri tarafından yapıldı ve bu gençler benim ricam üzerine bir şey daha yaptılar. Mızıkacılar'a bir anıt yaptılar. Bu anıt da yine İzmir'de BREMİR gemisinin hemen yanında bir çocuk parkında duruyor. İşte bu anıt da Bremen Mızıkacıları'nın İzmir'e geldiklerine delildir.

Bremen Mızıkacıları belki şehrimizin sahip olduğu en güzel şeydir. Bunun için onları her yere göndermeyiz. Ama Bremen ve İzmir şehirleri arkadaştır ve arkadaşa ancak en güzeli ikram edilir.

Impressum

Titel / Kitabın adı:
Wie die Bremer Stadtmusikanten nach Izmir kamen
Bremen Mızıkacıları İzmir'e nasıl vardılar

Text / Yazar:
Anselm Dworak

Übersetzung ins Türkische / Türkçeye çeviren:
Osman Engin

Illustrationen / Çizim- ve Resimler:
Hüseyin Kiy

Titelbild / Kapak:
Christoph Hoppensack

*Fotografie „Die Bremer Stadtmusikanten"
Resim „Bremen Mızıkacıları"*
Klaus Kellner

Verlag der 2. Auflage / Yayın evi:
verlag für pädagogische medien in Verbindung mit Kallmeyer

3., neugestaltete Auflage vom *KellnerVerlag*, Bremen | Boston 2014
St.-Pauli-Deich 3 | 28199 Bremen
Tel. 0421 77 8 66 | Fax - 70 40 58
Layout: Insa Stroyer, Stefanie Jordan
sachbuch@kellnerverlag.de
www.kellnerverlag.de

Ebenfalls im KellnerVerlag erschienen und lieferbar:

Dirk Böhling
**Die Geschichte
von dem kleinen Reiskorn**
Wie die SOS-Kinderdörfer in die Welt kamen

Mittlerweile gibt es über 500 SOS-Kinderdörfer in 133 Ländern. Aber erst jetzt entstand das Buch, das von Herrn Gmeiner und dem kleinen Reiskorn erzählt. Die Geschichte wird auf **Deutsch, Englisch und Spanisch** erzählt. Farbenfrohe Illustrationen schmücken die Erzählung mit liebevollen Details aus. Ein wunderschönes Buch für Kinder
24 Farbige Seiten, hübsch illustriert, 20 x 20 cm, Hardcover, KellnerVerlag, ISBN 978-3-95651-014-4, € 8,90